KB247027

숲 속
동물
종이 오리기

디자인이음

목 차

풀꽃과 동물들

사진 P4 / 도안 P17~21

아기 호랑이와 고양이

사진 P6 / 도안 P22~23

장미와 개개비사촌

사진 P8 / 도안 P24

토끼와 제비꽃

사진 P9 / 도안 P25

아기 곰

사진 P10 / 도안 P26

숲 속 동물들

사진 P11 / 도안 P27

해당화와 검은 방울새

사진 P12 / 도안 P28

가을 화환

사진 P13 / 도안 P29

프레임

도안 P30~31

백조

사진 P34 / 도안 P52~53

양귀비와 나비

사진 P36 / 도안 P54

물까치

사진 P37 / 도안 P55

장미와 댕강목

사진 P38 / 도안 P56

고양이와 쥐

사진 P39 / 도안 P57

사슴

사진 P40 / 도안 P58

숲 속 식물들

사진 P41 / 도안 P59

금화조

사진 P42 / 도안 P60~61

곤충들

사진 P43 / 도안 P56

다람쥐와 버섯

사진 P44 / 도안 P62

올빼미

사진 P45 / 도안 P63

식물 채집

사진 P46 / 도안 P50~51

작은 동식물들

도안 P64~69

UNDERS.

종이 오리기 시작하기

재료 및 도구

도화지

문방구나 마트에서 판매하는 도화지로 충분해요. 이 책에서는 검은색 도화지를 사용했어요.

도안

수록되어 있는 도안 중 마음에 드는 것을 복사해서 사용하세요. 종이는 일반 복사용지면 됩니다.

핀셋

다 오린 종이를 떼어낼 때나 세밀한 그림을 붙일 때 사용하면 작품에 흠집을 내지 않고 작업할 수 있어요.

커터칼

시중에 판매되고 있는 커터칼로 작업할 수 있어요.

가위

도안 주위의 여백을 자를 때 사용하세요.

마스킹테이프

도안을 도화지에 고정시킬 때 사용해요. 셀로판테이프도 OK.

풀(펜 타입)

아주 가는 펜 타입의 액상 풀은 작은 그림을 붙일 때 편리해요. 펜 타입의 풀이 없을 경우, 수성 풀을 이쑤시개에 묻혀서 사용하면 됩니다.

커팅 매트

책상에 흠집을 내지 않기 위해 필요해요. 문구점에서 판매하는 매트로 충분해요.

이 책의 사용법

1 마음에 드는 도안을 복사합니다. 오리기 쉬운 크기로 확대 축소해도 좋아요. 도안을 도화지에 고정시키고 편하게 작업할 수 있게 여백을 잘라냅니다.

2 도안의 선을 따라 칼로 오려내세요. 도안 안쪽의 세밀한 부분부터 오리기 시작합니다. 팔에 힘이 너무 가해지지 않도록 몸 쪽으로 가볍게 당기며 오리세요.

3 정교한 무늬를 떼어낼 때는 칼날을 세운 뒤 선 안쪽부터 먼저 조금씩 종이를 돌리면서 오려내세요.

4 뾰족한 곳은 끝 쪽을 향해 오리세요. 끝 쪽이 날카로운 곳은 작업하는 동안 접히거나 오그라들 수 있기 때문에 거의 마지막 단계에서 오리면 좋아요.

5 마지막으로 윤곽을 오립니다. 직선이나 긴 곡선을 오릴 때는 칼날을 자기 몸 쪽으로 기울여서 천천히 당기면 좋아요.

6 다 오린 뒤 도화지에서 그림을 떼어냅니다. 합지에 올려놓으면 완성!

커팅하는 방법

이 책의 도안은 세밀한 선으로 그려져 있기 때문에 오리기 힘들면 실제 선보다 약간 굵게 오려도 됩니다. 물론 확대하면 오리기 편해지지만 세밀한 부분은 굳이 힘들게 오려내지 않아도 좋아요. 중간에 실패하더라도 합지에 붙여 액자에 넣으면 크게 거슬리지 않으니 부담 갖지 말고 종이 오리기를 즐겨보세요.

눈동자와 같이 표정에 영향을 주는 중요한 부분은 실패해도 바로 수정할 수 있도록 처음에 오리는 것이 좋아요.

겹치는 줄기의 선과 날개의 선은 빗나가지 않게 하세요.

먼저 간단한 부분부터 오리기 시작해서 손에 익혀보세요.

잎맥을 오려낼 때는 끝 쪽에서 밑부분을 향해 칼날을 넣고 마지막에 한가운데의 잎맥을 잘라냅니다.

가운데 작은 동그라미부터 먼저 오리세요. 점을 찍듯이 칼날을 세우면 좋아요. 칼날을 넣을 때마다 종이를 조금씩 돌려가며 둥글게 오려보세요.

잎의 윤곽은 종이 방향을 바꿔가며 뾰족뾰족한 끝 쪽을 향해 하나씩 하나씩 오리세요.

뾰족한 곳은 끝 쪽을 향해 오려줍니다. 뾰족한 곳이 길면 종이를 돌리는 동안 뒤틀리기 때문에 나중에 하는 것이 좋습니다.

세밀한 부분은 종이를 움직이는 동안 끊어지거나 뒤틀리기 때문에 바깥 테두리 작업을 할 때 마지막으로 오립니다.

안쪽 동그라미부터 오려냅니다. 점을 찍듯이 칼날을 세우세요. 칼날을 넣을 때마다 종이를 조금씩 돌려 둥글게 오립니다.

잎 맥의 밑부분부터 끝 쪽을 향해 칼날을 넣습니다.

15

컬러 배색법

별첨된 컬러 그림을 활용해 도안에 색을 입혀보세요.

장미와 개개비사촌

사진 P8 / 도안 P24

토끼와 제비꽃

사진 P9 / 도안 P25

양귀비와 나비

사진 P36 / 도안 P54

금화조

사진 P42 / 도안 P60~61

이 책의 사용법

1 채색하고 싶은 도안과 별첨된 컬러 그림을 준비합니다.

2 채색할 부분에 맞는 컬러 그림을 선택해 여백을 남기고 가위로 자릅니다.

3 컬러 그림의 윤곽을 칼로 오립니다.

4 컬러 그림이 클 경우 분할하면 붙이기 쉬워요.

5 도안을 뒤집어 놓고 채색할 부분에 풀칠합니다. 핀셋으로 조각 그림을 뒤집은 뒤 붙입니다.

6 앞면으로 뒤집으면 완성. 윤곽에서 벗어나는 부분 없이 깔끔하게 채색되었어요!

도안

흑백의 인쇄물은 종이 오리기
도안으로 복사해서 사용합니다.
액자 크기나 난이도에 맞게
확대 축소해도 좋아요.

경험자 : 실물크기 또는 A4(115%) 로 확대
초보자 : B4(141%) 로 확대

P17~21의 풀꽃과 동물들은 도안 5개가
세트로 하나의 작품을 이룹니다. 완성 도안은
P71에서 확인하세요.

풀꽃과 동물들

아기 호랑이

고양이

장미와 개개비사촌

토끼와 제비꽃

아기 곰

숲 속 동물들

해당화와 검은 방울새

가을 화환

스페이드 관엽식물 프레임

작은 가지 프레임

바깥 : 아카시아 사각 프레임
안 : 매자나무 타원형 프레임

액 자 고 르 기

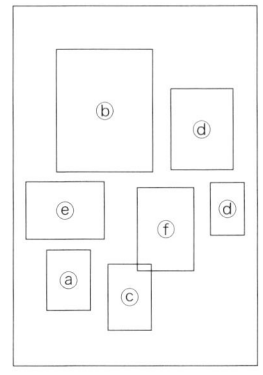

먼저 액자 크기부터 정하세요. 완성한 그림에 맞는 크기의 액자를 구하기가 의외로 어려워요. 먼저 마음에 드는 액자를 준비하고 그 사이즈에 맞춰서 도안을 확대 축소 하면 좋아요.

액자 창은 유리판과 아크릴판 2종류가 있어요. 아크릴은 투명도가 높고 가볍지만 정 전기가 쉽게 발생해 먼지가 들러붙기 쉬워요. 유리의 경우 정전기는 쉽게 일어나지 않지만 무게가 있고 그림이 약간 푸르스름하게 보여요.

ⓐ 기본

취향에 맞는 종이를 준비하고 액자와 같은 크기로 잘라 합지 (배경)를 만듭니다. 합지는 두꺼운 종이로 해야 주름이 덜 생 겨요. 위에서부터 순서대로 아크릴, 매트(사용할 경우), 도안, 합지, 뒤판을 포개어 액자에 넣습니다. 뒷면의 쇠장식이 헐거 울 때는 뒤판과 합지 사이에 골판지나 두꺼운 종이를 끼워 움 직이지 않도록 고정시켜주세요. 그래도 도안이 들어질 조짐 이 보이면 도안 뒤에 액상 풀로 몇 군데 점을 찍어 붙입니다.

ⓑ 매트

매트는 액자에 넣을 두꺼운 종이를 말합니다. 보통 회화 작 품이 유리에 닿지 않도록 보호하는 것이 목적이지만 작품 에 맞는 사이즈의 액자가 없을 때 치수 조정을 하거나 작품 이 한층 돋보이도록 하는 효과도 있어요. 미리 도안의 크기 에 맞는 창(두꺼운 종이 테두리의 안쪽 치수) 사이즈를 정 해놓고 액자를 주문하세요. 창 안쪽의 여백을 감안하면 도 안보다 훨씬 큰 액자를 선택하는 것이 좋아요.

ⓒ 투명한 액자

2장의 아크릴(또는 유리) 사이에 도안을 끼웁니다. 시간이 지나면 안에 넣었던 도안이 점점 밑으로 내려가기 때문에 도안 뒤쪽에 액상 풀로 두세 군데 점을 찍어 아크릴(유리)에 직접 붙이면 좋아요. 임시로 고정시켜 놓는 것이라 나중에 떼어낼 수 있습니다. 빛이 들어가 도안의 그림자가 비치기 때문에 반투명 색지를 사용하면 스탠드글라스처럼 보여요. 빛을 투과시키면 색이 옅어지니 진한 색깔을 선택하는 것이 좋습니다.

ⓓ 무늬나 색이 들어간 합지

배경에 색을 넣으면 검은색 도안이 화사해져요. 또 도안 을 채색할 때는 도안 뒤에 색지를 붙이는 것이 일반적이 지만 (P16 참조) 색지를 합지 용도로 하거나 합지에 직접 색연필이나 물감으로 채색해도 좋습니다.

ⓔ 아트박스

아트박스란 안길이가 있는 액자를 말합니다. 도안 뒤쪽에 종 이로 만든 사각 기둥을 붙여 입체감을 주는 것이죠. 그 외 실 로 매달거나 쇠 장식으로 세우는 등 재미있게 연출할 수 있 어요. 오려낼 부분이 적은 실루엣의 도안(그림자 그림)을 사 용하면 뒤쪽의 장치가 보이지 않게 깔끔하게 마무리됩니다.

ⓕ 도안 프레임

심플한 액자에 도안으로 만든 장식 프레임을 넣으면 잘 어울려요.

프레임 사이즈 (mm)

포스터 프레임	
A5	210×148
A4	297×210
A3	420×297
B5	257×182
B4	364×257
B3	515×364

데생 액자	
인치	255×203
8 절	303×242
다이시	379×288
4 절	424×348
다이코로	509×394

사진 / 엽서 사이즈	
L 판	89×127
2L 판	127×178
포스트카드	100×148

다람쥐와 버섯 | 도안 P62

토끼풀과 클로버 화환

보랏빛 부케

봄철 풀꽃 부케

노랑 부케

중국물망초와 덩굴식물 화환

화환과 부케 레시피

P46~47에서 소개한 풀꽃으로 화환과 꽃다발을 만들어봅니다.

보랏빛 부케

재료

산톨리나㉚ · 국화과 꽃㉛ · 개여뀌㉜㉝ · 이삭여뀌㉟ · 개모밀덩굴㊱ ……각각 1개
토끼풀① …………………………………………2개
잎 ⑭⑮⑱㉞ ………………………………각각 1개

꽃은 보라 계열 색상 4가지, 잎은 초록 계열 색상 3가지로 오립니다. 개여뀌는 포인트 색으로 하되 보라색 이외에 마음에 드는 색으로 오려요. 책에서는 하늘색을 사용했지만 개여뀌의 원래 색상인 핑크색도 좋습니다. 아랫부분이 모이도록 배치한 뒤 풀로 붙이고 끈으로 묶어주세요.

노랑 부케

재료

국화과 꽃⑰ …………………………………3개
잎⑫⑬⑱ ……………………………………각각 1개

꽃은 노랑 색상 2가지, 잎은 초록 색상 3가지로 오립니다. ⑬의 잎은 잎맥을 오려내지 말고 밑동을 가리는 데 사용하고 ⑫는 잎맥을 오린 것을 뒤쪽에 배치해요. 아랫부분이 모이도록 배치해 풀로 붙인 뒤 끈으로 묶어주세요.

토끼풀과 클로버 화환

재료

토끼풀① …………………………………………6개
클로버③ …………………………………………3개
클로버⑤ …………………………………………1개
클로버②④⑥ ……………………………… 각각 2개

토끼풀은 옅은 색상 2가지, 클로버는 초록 계열의 3가지 색상으로 오려 자그마한 원이 되도록 균형감 있게 배치해 풀로 붙입니다.

중국물망초와 덩굴식물 화환

재료

중국물망초⑦⑧ ……………………각각 2개
덩굴식물⑨⑩ …………………… 각각 2개
덩굴식물⑪ …………………………………3개

중국물망초는 푸른 색상으로, 덩굴식물은 초록 계열 색상 3가지로 오립니다. 덩굴식물⑨ 한 개와 ⑪은 잎맥을 오려내지 말고 주로 뒤쪽에 배치합니다. 큼지막한 원이 되도록 균형감 있게 배치해 풀로 붙이세요.

봄철 풀꽃 부케

재료

국화과 꽃⑯⑰ …………………………각각 1개
헬리오트로프⑲⑳㉑ ………………각각 1개
국수나무㉔㉕㉖ …………………각각 1개
팬지㉗㉘㉙ …………………………각각 1개
산딸기㉒㉓ …………………………각각 1개
클로버④⑤⑥ …………………………각각 1개
잎⑫⑬ …………………………………각각 1개
잎⑮ ………………………………………2개
잎⑭⑱ …………………………………각각 3개

산딸기는 핑크, 잎과 클로버는 초록 계열 색상 여러 가지, 그 외의 꽃은 종류별로 마음에 드는 색상을 선택해 오려요. 책에서는 잎은 초록 계열 색상 5가지로 하고 꽃을 종류별로 배치했지만 균일하게 배치해도 좋습니다. 임시로 고정시키면서 균형감 있게 배치해 풀로 붙여주세요.

도안 P50~51

식물 채집

2개의 도안을 복사한 뒤 검은 동그라미 부분을 합치면
1개의 도안이 되고 종이 1장으로 자를 수 있어요.

백조

양귀비와 나비

54

물까치

곤충들

장미와 댕강목

고양이와 쥐

사슴

숲 속 식물들

2개의 도안을 복사한 뒤 검은 동그라미 부분을 합치면
1개의 도안이 되고 종이 1장으로 자를 수 있어요.

금화조

다람쥐와 버섯

올빼미

줄무늬다람쥐

집오리

채소와 과일

크리스마스 로즈

흑장미

그림자 동물

도안 조합하기

여러 도안을 조합해 다양한 작품을 만들 수도 있어요.

흑장미 정원 도안 P68

가지 마디에 가지와 잎을 연결하면 큰 도안을 만들 수 있어요. 도안 조각을 각각 오리고 액자에 넣을 때 퍼즐처럼 조합해보세요. 원형으로 연결해 장식 프레임으로 활용하거나 P50~51 도안과 합쳐 컬러풀하고 큼지막한 정원을 만들어도 멋스러워요.

브레멘 음악대 도안 P27, 69

실루엣 동물 도안을 활용해 브레멘 음악대를 만들어 보세요. 방 벽에 일렬로 나란히 붙여도 좋고 커팅시트를 활용하면 월 스티커가 됩니다.

모빌 도안 P65, 69

1. 도안, 바늘과 실, 임시 고정용 테이프를 준비하세요.
2. 도안 뒤쪽에 실을 임시로 고정시키고 매달았을 때 균형이 잘 맞도록 위치를 정한 뒤 바늘로 구멍을 뚫어주세요.
3. 구멍에 실을 통과시키고 실이 빠지지 않도록 매듭을 지어줍니다.

풀꽃과 동물들 완성 도안

A3 사이즈로 확대 복사 (163%) 해서 도안으로 사용할 수 있습니다.

KIRIESAKKA garden NO KUSABANA TO DOBUTSU NO KIRIE ZUANSHYU

Copyright ⓒ 2014 garden, All rights reserved.

Original Japanese edition published in Japan by Asahi Shimbun Publications Inc., Japan.

Korean translation rights arranged with Asahi Shimbun Publications Inc., Japan

through Imprima Korea Agency

이 책의 한국어판 저작권은 Imprima Korea Agency를 통해

Asahi Shimbun Publications Inc.과의 독점계약으로 디자인이음에 있습니다.

저작권법에 의해 한국 내에서 보호를 받는 저작물이므로 무단전재와 무단복제를 금합니다.

숲 속 동물 종이 오리기

1판 1쇄 발행 2018년 2월 23일

지은이	garden
옮긴이	박문희

발행인	이상영
편집장	서상민
편집인	한성옥, 채지선
마케팅	정혜리
디자인	오소명, 오윤하
펴낸곳	디자인이음

등록일	2009년 2월 4일 : 제 300-2009-10호
주소	서울시 종로구 자하문로24길 24
전화	02-723-2556
팩스	02-723-2557
이메일	designeum@naver.com
블로그	blog.naver.com/designeum
인스타그램	instagram.com/design_eum

값 10,000원

ISBN 979-11-88694-16-7 13630

컬러 그림 사용법은 내지 P16을 참고해주세요.